LES MINI LAROUSSE

La face cachée du
Poissons

Stella Hyde
Traduction de Luc Rigoureau

LAROUSSE
21 rue du Montparnasse 75283 Paris Cedex 06

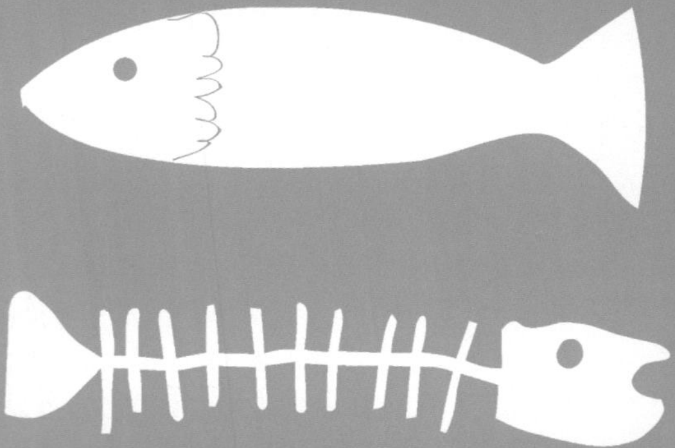

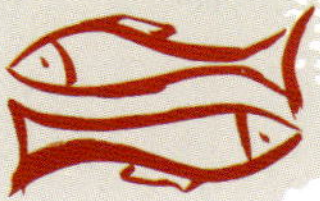

POISSONS
20 FÉVRIER – 20 MARS

Le Poissons est un signe féminin mutable de l'Eau commandé par Neptune. Douzième sur la roue du zodiaque, il est directement opposé à la Vierge et correspond à la constellation éponyme, laquelle, à cette époque de l'année, dérive derrière le Soleil tout en fantasmant.
Côté face cachée du zodiaque, les natifs du Poissons sont des irréalistes fuyants, manipulateurs et peu fiables qui souffrent d'un complexe de l'incompétence et sont accro au sentimentalisme et à l'autodestruction.

HABITUDES AGAÇANTES

> Ponctualité

Vous n'êtes pas en retard, vous vous êtes juste perdu et ne vous rappelez plus où vous allez, ni quel jour on est. C'est la faute de la personne avec laquelle vous aviez rendez-vous, car elle vous a soumis à une pression bien trop forte. Vous vous arrêtez dans un bar pour un (ou plusieurs) verre(s) consolateur(s).

> Dentifrice

Vous pressez le tube au milieu et ne le rebouchez jamais, sauf que, en général, vous utilisez du gel de rasage ou une crème contre les hémorroïdes, car vous ne lisez jamais les petits caractères. Vous en voulez au propriétaire de la salle de bains au moment de vomir.

> Colèromètre

Vous passez du glacial au bouillant en une ou deux minutes, accumulant assez de vapeur pour faire avancer votre machine à gémissements pendant des semaines mais dans aucune direction logique. Déraillant souvent, vous écrasez d'innocents témoins.

Personnalité

Confusion, chaos, contradiction

Les astrologues de l'endroit du zodiaque vous décrivent comme deux poissons reliés ensemble et nageant dans des **directions opposées**. Pas franchement un bon départ, hein ? Pour eux, cette image conflictuelle représente d'une part votre côté à-la-recherche-des-étoiles, et de l'autre, celui, sombre, de votre mépris de vous-même, chacun tirant dans son sens (ils oublient de préciser que la corde qui vous attache est celle qui, d'ordinaire, garrote les malheureux autres signes commettant l'erreur de vous fréquenter). Ce qui laisse entendre que votre face obscure est séparée de votre face claire : voilà qui vous arrange bien, car vous pouvez dès lors nier qu'elle existe et, en même temps, l'accuser chaque fois que vous débloquez. (Oui, je sais, ça semble confus et contradictoire, mais vous êtes confus et contradictoire.) Sauf que rien de cela n'est vrai, n'est-ce pas ? Vos deux poissons ont bien le ventre noir.

Vous faites de **jolis rêves** dans lesquels vous êtes un beau héros sur un cheval blanc qui sauve tout le monde sans rien demander d'autre en échange qu'une gratitude

Péchés capitaux préférés

En tant que sensationnaliste sans volonté, vous vous laissez régulièrement tenter par tous, souvent en même temps (ce qui pourrait expliquez vos changements d'humeur, n'empêche, ce n'est pas une excuse). La Colère et la Luxure vous paraissent inconfortablement actives et positives, l'Avarice suppose un peu trop d'efforts. Voilà pourquoi l'**Envie**, la **Paresse** et la **Gourmandise** sont vos potes de beuverie. Surtout l'Envie, puisque vous auriez pu être un battant si seulement vos cruels parents ne vous avaient pas bridé, et si le reste du monde n'avait pas décidé à l'unanimité de faire de votre vie un enfer.

éternelle et un amour absolu. D'où votre réputation, sur l'endroit du zodiaque, de bonne âme se penchant au chevet des malades, se recyclant dans la thérapie alternative ou le conseil conjugal afin d'aider les malheureux inadaptés. Arrêtons-nous un instant afin de savourer comme il se doit cette merveilleuse ironie avant de nous interroger plus avant sur ce que vous mijotez vraiment. Le tourisme émotionnel et la complaisance par procuration sont aussitôt ce qui nous saute à l'esprit car si, par hasard, vous arrivez à remettre une personne sur pied et qu'elle commence à mener une belle vie, vous cédez aussitôt à une **jalousie maladive** et n'hésitez pas à tenter de crever son brave petit ballon d'estime d'elle-même.

Les profondeurs émotives vaseuses sont votre habitat naturel, dans lequel vous crapotez en pleurant sur la pression intolérable que le monde fait peser sur vous (il se peut en effet que quelqu'un vous ait demandé l'heure). Ayant la volonté d'une guimauve, lorsque vous vous sentez harcelé, ce qui est à peu près tout le temps – vous n'avez pas demandé à naître, geignez-vous comme un ado moyen –, vous donnez dans la bouteille ou partez en congé dans les États-Biaisés du Fantasme. Au premier abord, vous donnez l'impression d'être démuni et pressuré par les autres. Il n'en est rien. Vous êtes familier de l'aspect manipulateur du **martyre** et des menaces de suicide. Pour peu qu'on vous dévoile, vous vous transformez aussitôt en Vierge effarouchée et vous réfugiez dans l'hypocondrie ou commencez à couper les cheveux en quatre à propos de tout et n'importe quoi.

Quiconque à affaire à vous devrait toujours se balader avec un magnétophone car vous déniez systématiquement et totalement ce dont vous êtes convenu deux minutes auparavant (mais vous risquez de nier qu'il s'agit de votre voix sur la bande). Comparés à vos constantes sautes d'humeur, les Cancers ont l'air de rocs en matière d'émotion. Vous commencez une phrase (exemple : « Passe-moi le sel, s'il te plaît. ») avec joie et optimisme ; le temps que vous la terminiez, vous êtes accablé et tout le monde alentour a perdu le désir de vivre. Ce que vous voulez à un instant donné n'est jamais ce que vous voudrez dans une minute ou ce que vous vouliez il y a trois minutes. La persistance rétinienne est la façon dont la nature s'arrange pour que nous voyions le monde comme une image constante plutôt que comme une succession d'images séparées. Vous en êtes dépourvu.

LANGUE-DE-VIPÈROMÈTRE

17/20. Sous-marin furtif de la vacherie, votre coque manque tellement de consistance que les autres ont tendance à sous-estimer le radar émotionnel qui vous permet de tirer droit sur leurs points les plus faibles à l'aide d'un trident acéré. Vous frappez toujours sous la ligne de flottaison, abandonnant un poison lent et corrosif dans le corps de votre victime.

PHÉNOMÈNE DE MASSE

Petit conseil de pêche à la ligne à tous les non-Poissons. Par quelque étrange hasard zodiacal, vous avez le malheur de vous retrouver dans un bar humide et dénué de fenêtres plein de cette triste engeance. Des regards accablés vous contemplent d'un air accusateur, cependant que les larmes gouttent dans la bière. Vous êtes en train de vous dissoudre dans une tristesse poissonneuse typique. Inutile de les frapper, c'est exactement ce qu'ils espèrent.

La faute à votre planète

Concentré de confusion

Les Poissons et Jupiter ensemble ? Ils n'auraient pas tenu la nuit. Le géant gazeux et joyeux est bien trop positif pour vous, même s'il explique l'éclat rouge d'ambition qui traverse parfois votre regard quand vous débarquez avec la marée. **Neptune** vous va beaucoup mieux : floue, nébuleuse et humide. Étant ceinture noire dans le domaine du j'accuse-les-autres, inutile que je vous précise ce que vous devez faire lorsque vous vous comportez mal [une fois de plus].

Neptune, à huit pierres du Soleil, est énorme et pourtant sans substance, sorte de boule d'humidité glacée (roche fondue, eau et gaz fluides) qui tourbillonne ; elle est aussi la plus venteuse des planètes du Système solaire. Il a fallu trois chercheurs (un Anglais, un Français et un Allemand) pour la dénicher et la persuader de rentrer à la maison. S'ils l'ont trouvée, c'est grâce au comportement erratique de son pote d'orbite, Uranus, qui laissait entendre que quelque chose, quelque part, s'amusait à le détourner de son chemin. Devinez qui ? **Neptune** est célèbre pour ses halos intermittents et imprévisibles : elle possède un nombre changeant de lunes et un vague système d'anneaux dont certains ont fichu le camp. Elle est inclinée sur le côté et met environ cent soixante-cinq ans pour tituber autour du Soleil, épongeant chaque signe tour à tour pendant à peu près treize ans – mais ça donne l'impression de durer plus longtemps.

Neptune a été baptisée d'après la version romaine du dieu grec Poséidon, seigneur de la mer, du vin et des chevaux. C'était le frangin de Zeus, toujours de mauvais poil, ronchon et souffrant d'une bonne gueule de bois. On le voit souvent représenté au fond des coupes à vin antiques, clapotant sans faillir au milieu d'un océan d'alcool. Votre dieu idéal.

PLANÈTE, PLANÈTE

Tout signe solaire a **un bon à rien planétaire** dont le boulot consiste à agacer tout le monde, à faire de l'argent sale, à tenir des promesses d'ivrogne et à s'endormir au volant. Avant l'invention du télescope, les astrologues ne distinguaient que cinq planètes dans le ciel, ainsi que la Lune et le Soleil. Par conséquent, ils considéraient ces deux derniers comme des planètes-maîtresses. À l'époque, tout le monde trouvait que c'était une bonne idée. Chaque planète s'occupait de deux signes du zodiaque, sauf la Lune (chargée du seul Cancer) et le Soleil (qui fait du Lion un roi). La vôtre est **Neptune**. À une époque, vous avez partagé Jupiter avec ces cinglés de casse-cous hyperactifs de Sagittaires (mais c'était drôlement chouette d'avoir un bouc émissaire sous la nageoire). Puis, en 1846, le « bras astronomique » de Johann Gottfried Galle a fini par mettre la main au collet de Neptune – déjà repérée par Galilée en 1613, mais non identifiée comme la peste cosmique qu'elle est en vérité.

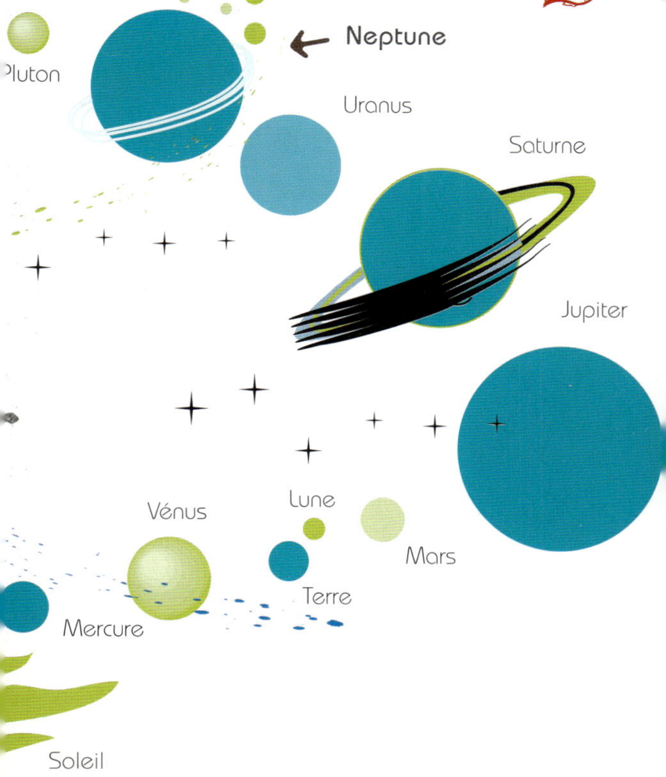
Neptune
Pluton
Uranus
Saturne
Jupiter
Vénus
Lune
Mars
Terre
Mercure
Soleil

Au noir de la lune

La face cachée de la face cachée des Poissons

Tout n'est pas solaire, du côté obscur de votre signe. Vous savez à présent à quel point vos pensées et vos aspirations les plus profondes sont **dictatoriales** et **obsessionnelles**. Mais d'où croyez-vous qu'elles viennent ? Eh oui, de la Lune ! Ou, plus exactement, de l'endroit où, selon votre thème astral, cette lunatique de première complotait quand vous êtes né. Le Soleil représente notre moi, la Lune notre psyché. La petite friponne roule sa caisse à toute berzingue, passant d'un signe à l'autre tous les deux ou trois jours si bien que, durant tout le mois solaire des Poissons, cette peste **mal lunée** s'agite comme un drogué dont le dealer a disparu sans laisser d'adresse. Voilà qui explique pourquoi deux Poissons apparus à seulement quelques jours d'intervalle échouent à prendre des décisions quant à des urgences radicalement différentes, selon que la Lune agaçait tel ou tel autre signe à leur naissance.

Décrocher la Lune

C'est bien joli, tout ça, me direz-vous, mais comment est-ce que je fais pour déterminer **où était la Lune à ma naissance** ? Il existe de grands tableaux compliqués (et, croyez-moi, très pénibles) qu'on appelle des éphémérides et qui recensent l'endroit dans le ciel où, lorsque vous avez tout gâché en venant au monde, se trouvait, retenant son atmosphère, chaque planète (figurez-vous que, pour de fastidieuses raisons astrologiques, la Lune a le rang de planète honoraire). Bref, si vous désirez en savoir plus sans que ça vous demande trop de travail et que vous êtes équipé, connectez-vous à ces différents sites : **www.themeastral.net** ou **www.astrotheme.fr/offres_carte.php**. Pour peu que vous sachiez où et quand vous êtes né, ils vous fourniront gratuitement un thème astral à peu près correct qui clouera la Lune sur la roue du zodiaque.

LUNATIQUES CONJONCTIONS

Voici ce qui arrive aux Poissons quand la Lune vous laisse en rade au milieu du lac Titicaca.

- **Lune en Bélier** Ignorer ce que vous faites ne vous empêche jamais de le faire. Tout de suite.
- **Lune en Taureau** Vous semblez errer sans but précis, mais une chaîne invisible vous relie à un énorme bloc de chocolat qui vous ancre au fond de l'eau.
- **Lune en Gémeaux** Vous êtes si adorablement décalé et perdu que vous partez toujours avec les clefs de voiture (le portefeuille, etc.) des autres.
- **Lune en Cancer** Personne n'ose vous adresser la parole parce qu'on ne sait jamais quelle est votre humeur du moment.
- **Lune en Lion** Vous êtes atrocement jaloux des nouveaux habits de l'empereur, qui devraient vous appartenir, puisque vous êtes le souverain du Pays Imaginaire.
- **Lune en Vierge** Tous les vendredis soirs, dans l'arrière-salle d'un bar crapoteux, vous avouez à l'assistance que vous abusez depuis toujours de la tisane.

- **Lune en Balance** Vous adorez être dans votre propre monde féerique ; ainsi, ce sont les autres qui se tapent les corvées pénibles et salissantes.
- **Lune en Scorpion** Des profondeurs insoupçonnées aspirent les surfers qui s'aventurent sur vos mares claires.
- **Lune en Sagittaire** Vous suivez le torrent de la vie, sans doute aucun, afin de vous jeter par-dessus les rapides.
- **Lune en Capricorne** Lorsque vous nagez selon un certain angle, l'observateur aperçoit un caractère d'acier sous vos écailles.
- **Lune en Verseau** Vous aimez l'humeur zen que vous procure le fait de nager en rond dans un bocal vide.
- **Lune en Poissons** Vous êtes si imbibé que vos amis sont obligés de vous transporter dans un seau.

Né sous un mauvais signe

Haut les (ran)cœurs !

Autre chose. Votre signe solaire est modifié par votre **ascendant**, le signe qui rôdait à l'horizon au moment de votre naissance. Si le premier correspond à **votre ego**, du second dépendent **vos manières en public** (pour autant que vous en ayez), bref : vos **haillons du dimanche**. Il est le sourire affiché derrière lequel se cache votre moi réel et répugnant. Certains astrologues soutiennent que sa mauvaise influence affecte votre apparence. Tremblez !

Vous aurez une nouvelle occasion de vous apitoyer sur vous-même quand je vous annoncerai que, dans l'hémisphère Nord, pour d'obscures raisons astronomiques, il y a moins de gens **ascendants** ou descendants Poissons (et Bélier) que d'autres signes. Et c'est tant mieux, car l'Île du Fantasme où vous passez l'essentiel de votre temps est déjà pleine comme un œuf.

Prendre l'ascendant...

Un peu d'attention, S.V.P., car ce qui suit est un vrai casse-tête. Le zodiaque comprend douze signes que les astrologues aiment à imaginer comme occupant un ruban de ciel qui tournerait autour de la Terre en vingt-quatre heures. C'est là une convention qui n'a rien d'exact d'un point de vue astronomique, et vous ne verrez rien si vous levez la tête, alors inutile de nous écrire pour vous plaindre. Bref, toutes les deux heures environ, un nouveau signe se hisse au-dessus de l'horizon, à l'est. Le phénomène a lieu, quel que soit le moment du jour ou de la nuit où vous êtes né, quel que soit l'endroit maudit du globe où vous avez choisi d'entrer en scène. Cette mécanique astrale permet de comprendre pourquoi deux alevins nés à chaque extrémité d'une même journée nagent sans but autour de deux rochers artificiels différents. Il existe de multiples et complexes façons de découvrir votre ascendant, mais la meilleure solution reste encore de mettre la main sur un thème astral **[www.themeastral.net]**.

ASCENSION SOCIALE

Si vous êtes **Poissons ascendant Poissons**, votre personnage public est une éternelle victime sentimentale, collante et dépendante qui n'a visiblement aucun pied dans la réalité. Vous essayez ainsi de nous faire oublier que vous projetez de nous apitoyer sur votre sort alors que nous vous apportons le monde sur un plateau, de façon à pouvoir continuer votre petit jeu pervers. Voici ce qui se passe lorsque les autres parvenus zodiacaux se poussent du col.

- **Ascendant Bélier** Vous ruez dans votre bocal, provoquant de grosses vagues et des raz-de-marée mais sans jamais faire quoi que ce soit de concret.
- **Ascendant Taureau** Vous êtes un poisson farci, de préférence avec des amandes, des olives noires et du jambon de Serrano.
- **Ascendant Gémeaux** Baudroie. Vous récoltez les lauriers, et les autres les reproches.
- **Ascendant Cancer** Vous vous inquiétez constamment, non sans raison, de la facilité avec laquelle on peut prélever vos filets.

- **Ascendant Lion** Les Chinois vénèrent la carpe d'or, vous savez. Un peu plus de ce genre d'attitude, S.V.P.
- **Ascendant Vierge** Les légers reflets de votre aquarium étincelant provoquent l'échouage de tas de bateaux les nuits sans lune.
- **Ascendant Balance** Sandales et sac à main en peau de requin, vous défilez dans le bocal.
- **Ascendant Scorpion** Il semble émaner de vous une fragilité émotionnelle ténébreuse et hypnotique. En réalité, vous n'êtes que de la bouillabaisse.
- **Ascendant Sagittaire** À l'instar du noble saumon, vous franchissez d'un bond les obstacles et vous battez contre le courant afin d'atteindre vos buts, mais vous avez oublié pourquoi.
- **Ascendant Capricorne** Vous vous planquez au fond des fontaines afin de récupérer les piécettes qu'y jettent les faiseurs de vœux.
- **Ascendant Verseau** Poisson-pilote.

Étienne, Étienne, Étienne…

Vénus et les Poissons

Êtes-vous du genre drague je-suis-le-centre-du-monde ou dérapage grave voire plombs carrément pétés quand on vous plaque ? Tout dépend de l'endroit où, à votre naissance, la **traînée sans cœur** du Système solaire (Vénus) a laissé tomber son mouchoir en minaudant (voir ci-après). Elle a aussi son mot à dire en ce qui concerne le degré d'harmonie avec lequel vous vous fondez dans le monde. Mais l'harmonie a-t-elle sa place sur la face obscure du zodiaque ? Pour des raisons astrologiques qui risquent de vous griller la cervelle si je tente de vous les exposer (en gros, Vénus aime trop le luxe pour s'éloigner du Soleil, et son axe de rotation fricote avec celui de la Terre), la planète de l'amour n'apparaît que dans votre

Faites l'amour et la guerre

On a l'habitude de dire que Vénus est la **planète nana** de l'amour, et Mars la **planète mec**, le seigneur de guerre. Vous pourriez en conclure que les hommes dépendent de Mars, et les femmes de Vénus. Sans vouloir vous vexer, c'est archifaux. Quel que soit notre sexe, nous avons tous un pied sur chacune de ces deux planètes, et l'endroit où elles se trouvent dans notre thème astral a de sacrées répercussions. Ne pensez pas que votre signe solaire aura fait de vous un as du charme, car Vénus dans un signe frigide vous coupera l'herbe sous le pied. N'allez pas imaginer non plus que votre signe solaire signifie que vous êtes l'âme sœur de la colombe de la paix, car vous avez toutes les chances de devenir enragé, pour peu qu'on vous pique votre place de parking – Mars est un tantinet irascible. Vous aurez besoin d'un thème astral **[www.themeastral.net]** pour déterminer ce que mijotaient ces deux planètes au moment de votre naissance. C'est bien trop compliqué (et, franchement, ennuyeux) pour qu'on s'y colle ici.

signe solaire et ses quatre voisins immédiats. Dans votre cas, elle sera donc en Poissons, Capricorne, Verseau, Bélier ou Taureau. Voici ce que ça donne en matière de vie amoureuse et sensuelle.

VÉNUS EN POISSONS

Dérivant sur une mer de mièvrerie, vous vous accrochez à votre partenaire comme une bernique ayant des problèmes de dépendance et submergez la fragile nacelle de l'amour avec une cargaison d'infects joujoux coquins et de petits coussins en forme de cœur sur lesquels vous avez brodé de ridicules noms d'animaux domestiques. Lorsqu'un paquebot de luxe vous croise dans la nuit, vous sautez à bord.

VÉNUS EN CAPRICORNE

Vous courtisez l'objet de votre désir à coups de couplets fleuris mais veillez à en conserver des copies (de même que les droits d'auteur) afin de décrocher la timbale sur le marché fort lucratif des produits dérivés (tee-shirts, tasses, calendriers, cartes de vœux, magnets).

VÉNUS EN VERSEAU

Vous emmenez tous vos partenaires nager avec les dauphins sous le clair de lune ; ils trouvent ça d'un romantisme poétique ; vous êtes heureux d'avoir trouvé un échantillon statistique acceptable destiné à étayer votre article intitulé : « Effets de la lune sur le comportement amoureux des mammifères envers les crustacés ».

VÉNUS EN BÉLIER

Vous rentrez votre vessie natatoire, raidissez votre nageoire dorsale et plongez sur tous les jolis petits poissons de l'Atlantique. Une fois que vous les avez ferrés, vous regagnez en vitesse votre domicile marin, dans le Pacifique.

VÉNUS EN TAUREAU

Vous harponnez vos objets du désir contre votre sein à l'aide de fil de pêche élastique mais leur fournissez des nasses faites main pour qu'ils se reposent pendant que vous plongez en quête de trésors perdus.

Tu veux ma photo ?

Mars et les Poissons

Démunis de carapace protectrice, les Poissons ne sauraient se jeter dans un combat à corps perdu, lui préférant la manipulation et la tyrannie des faibles à la place. Il n'empêche, vous pouvez vous montrer hargneux, **paranoïaque**, voire **belliqueux** selon l'endroit qu'occupera dans votre thème astral cette brute de Mars retenue par ses potes (« Laisse tomber, mon vieux, ça n'en vaut pas la peine »). Mars est voisine de la Terre mais sa vitesse de rotation est beaucoup plus lente (histoire de pouvoir mater, sûrement). Il lui faut deux ans et demi pour effectuer son tour du zodiaque, ce qui lui donne environ deux bons mois pour menacer chaque signe. Les Poissons sont tellement agaçants que rares sont ceux qui résistent à l'envie de leur claquer le beignet. Mais si vous vous surprenez à exercer vos représailles le premier, vérifiez l'alibi de Mars au moment de votre naissance.

MARS EN BÉLIER

Vous avez entendu parler de ces poissons siamois de combat, tellement loin de la réalité qu'ils attaquent leur propre reflet dans un miroir ? Ça vous parle ?

MARS EN TAUREAU

Vous flottez sans bruit comme un brochet au milieu des herbes boueuses d'un étang stagnant jusqu'à ce quelqu'un remue la vase. Alors, vous montrez vos mâchoires.

MARS EN GÉMEAUX

Vous vous battez par à-coups, comme ces poissons qui enflent jusqu'à mesurer deux fois leur taille normale afin d'avoir l'air féroce mais ne parviennent pas à le rester.

MARS EN CANCER

Vous êtes, tour à tour, le corbeau ou le renard des fables de La Fontaine – un sourire béat s'affiche sur votre visage, puis vous saccagez le fromage.

MARS EN LION

Pour peu que vous ayez l'impression que les gens ne vous apprécient pas assez, vous expédiez une canonnière afin de leur montrer qui commande dans cette mare.

MARS EN VIERGE

Vous mettez au point un système de quotas de pêche si compliqué que personne ne le comprend, à part vous, puis vous vous battez jusqu'à la mort quand on l'ignore.

MARS EN BALANCE

Vous ne cessez de provoquer des incidents diplomatiques car, dans n'importe quelle situation hostile, personne ne vous prête suffisamment d'attention à votre goût. Vous êtes contraint de révéler les plans de A à B (et vice versa). Quand ça barde bien fort, vous accusez C.

MARS EN SCORPION

Vous êtes l'agent provocateur envoyé pour déclencher l'alarme et répandre l'abattement, dans la mesure où vous décelez les faiblesses cachées et honteuses de tous et les utilisez pour saper toute envie de vivre, et encore plus de se battre, chez les autres.

MARS EN SAGITTAIRE

Volant dans les gréements un coutelas entre les dents, vous surveiller l'horizon en quête d'une cargaison d'égorgeurs qui surgira toutes voiles dehors et fera le bonheur de votre journée.

MARS EN CAPRICORNE

Vous bloquez les ports de l'adversaire et coupez les lignes à oxygène des plongeurs envoyés saboter votre flotte : simple, efficace et peu coûteux.

MARS EN VERSEAU

Loin du brouhaha et de la saleté des combats, bien à l'abri dans votre sous-marin, vous regardez à travers le périscope et tirez sur l'ennemi à des kilomètres de distance.

MARS EN POISSONS

Vous suivez celui qui crie le plus fort ou offre le plus de rhum, vous vous paumez, vous harponnez par erreur plusieurs de vos camarades, puis vous prétendez que de grands garçons plus forts que vous vous y ont obligé.

Qui lit en vous comme dans un livre ?

État des lieux des opposés

Votre signe polaire est la **Vierge**, l'accro à la Javel hyper-organisée et obsédée par le détail (pour plus de détails sur votre opposé à la face cachée fascinante, voir *La face cachée de la Vierge*). Qu'est-ce qui relie des fuyards de la réalité se mentant pathologiquement à eux-mêmes comme les Poissons aux Vierges coincées et méprisant les faibles ? D'où vient cette mutuelle ... compréhension ? (Appelons-la comme ça.) Eh bien, à l'instar des méchants et gentils flics du film ou des héros négatifs et positifs de l'histoire, vous avez besoin les uns des autres pour que votre côté sombre fonctionne. Cela tient aux éléments (les indésirables, s'entend). Vous êtes Eau, les Vierges sont Terre. Mélangez-les, et vous obtenez de la boue ; elle vous pousse toujours à désirer vous réfugier dans le caniveau où vous vous êtes roulé tant de fois avec bonheur, là où les Vierges s'en servent pour soigner leurs affreuses rougeurs psychosomatiques.

Vous arpentez le monde dans un brouillard de confusion et sans but, mais vous êtes-vous demandé pourquoi quelqu'un d'aussi inapte que vous à mener sa propre existence ne s'est pas encore tout simplement dissout dans son propre jus ? (Sans doute pas : vos capacités de concentration sont des plus limitées.) Ne vous êtes-vous non plus jamais demandé quelle est la force mystérieuse qui vous aide parfois à finir quelque chose (ce qui est une énigme pour tout le monde, surtout pour vous) ?

Respectez votre Vierge intérieure. Elle nettoie un tout petit coin de votre bocal qui permet, de temps à autre, à un rayon de lumière d'y pénétrer vos noires abysses et elle vous harcèle pour que vous n'oubliez pas que les poissons ont une colonne vertébrale, même si elle est courbée et faite de cartilage. Attention, bien sûr, à ne pas devenir trop organisé : si vous commencez à dresser des listes de toutes les choses affreuses que vous avez faites, vous allez devoir vous tirer une balle dans la tête ou boire un autre verre

DU TIRAGE DANS L'AIR

Votre signe polaire – Vierge, en ce qui vous concerne – est celui qui, à six places de là (voir *La face cachée de la Vierge*), se situe à l'opposé du vôtre sur la roue du zodiaque et vous adresse des coups d'œil entendus. Un ténébreux cordon ombilical vous relie. Si votre face obscure représente votre jumeau maléfique, votre signe polaire est le jumeau maléfique de votre jumeau maléfique. Il vous connaît comme sa poche mais, pas de panique, c'est réciproque. Les astrologues de l'endroit du zodiaque soutiennent qu'une forte relation complémentaire, bénéfique et fructueuse, vous unit, notamment au travail, dans la mesure où vous partagez une identique énergie (mutable). Ben, tiens ! Du côté sombre des choses, vos rapports ressemblent plutôt à la tension qui oppose le capitaine Achab et Moby Dick (ça va, je sais que Moby Dick n'est pas un poisson), chacun traquant l'autre sur les mers du globe et reprochant à l'autre sa vie de chien. Ça ne peut s'achever que dans les larmes.

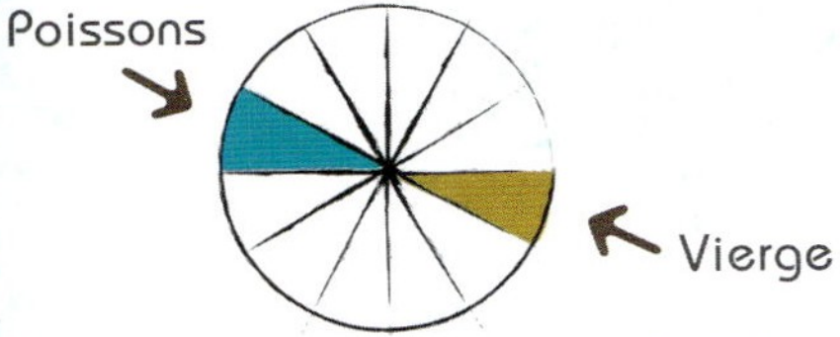
Poissons
Vierge

LA FACE OBSCURE DE L'AMOUR

Vous décrochez toujours un rancard, parce que vous êtes ouvert à absolument tout. N'importe quel être doté d'un pouls excite vos intérieurs, et il vous arrive de penser que vous êtes un tantinet trop pointilleux et dénué d'âme. Votre technique de séduction typique consiste à pratiquer le chantage affectif (« Je n'ai plus que six mois à vivre » emporte le morceau à tous les coups). Votre rendez-vous idéal vous voit en compagnie des meilleurs amis de vos partenaires, que vous emmenez dans un bar à vin douteux et que vous ne laissez pas souffler (ni boire un verre), tandis que vous leur racontez combien vous êtes incompris, que vous les fixez droit dans les yeux et que vous sanglotez qu'ils ont toujours été les élus de votre cœur. La chose accomplie, vous niez le tout – même confronté à des preuves photographiques – puis rejetez la faute sur votre partenaire de jeu qui, à force de se montrer horrible, vous a contraint à aller chercher du réconfort ailleurs. Quand vous n'avez pas de victime à duper, votre rancard idéal consiste en n'importe qui prêt à vous payer à boire.

Sexe

Faisons semblant

Vous adorez que votre partenaire prenne les choses en main, vous attache aux montants du lit avec vos bas résilles et vous donne une **bonne fessée** afin de vous punir d'avoir été très vilain. Ou qu'il vous déguise en gros bébé et vous enfonce dans le bec une tétine trempée dans le vin blanc. Ou qu'il vous fasse marcher à quatre pattes dans la pièce, la laisse entre les dents, prêt à obéir à tous les ordres du Maître. Si tout cela coûte un peu trop cher, vous pouvez toujours restez chez vous et vous habiller pour jouer au docteur et à l'infirmière ou au prisonnier et au maton. Rien de sexuel là-dedans (quoique vous appréciiez la chose, 90 secondes suffisent amplement à vos maigres capacités de concentration). Non, vous le faites pour : a) cesser d'être vous-même et vous dissoudre dans une autre personnalité ; b) vous rabaisser et obliger quelqu'un d'autre à être responsable de vous. Vous êtes d'un sentimentalisme à hurler. Les objets de votre désir se fanent devant les regards accusateurs des 2 000 peluches qui encombrent votre boudoir et rougissent dans l'obscurité lorsqu'ils songent aux petits noms doux que vous leur donnez. Vous passez votre temps à confondre le sexe (O.K.) avec l'amour et l'affection (oui ! oui ! oui !), ce qui explique pourquoi les Scorpions vous roulent toujours dans la farine.

QUEL GENRE DE CONJOINT ÊTES-VOUS ?

Le genre suprême. Vous portez la culotte. Si les choses se révèlent un peu difficiles, vous avez le sentiment d'être soumis à la pression (votre partenaire vient de vous demander ce que vous vouliez pour dîner) ; si une meilleure offre passe dans le coin, vous partez à sa suite, tout simplement, abandonnant conjoint, enfants, débiteurs, etc., afin de patauger sur place. La culpabilité vous est étrangère, puisque c'est toujours la faute des autres.

INCOMPATIBILITÉS AMOUREUSES

- **Béliers** – s'ils sont désarçonnés, ils vous accusent.
- **Taureaux** – vous méprisez ceux qui perdent tout contrôle en présence de substances créant une dépendance (les gâteaux).
- **Gémeaux** – ils vous trompent avec vos meilleurs amis avant de disparaître.
- **Cancers** – avec eux, ce ne sont que sautes d'humeur et apitoiement sur soi-même.
- **Lions** – ils exigent une attention de tous les instants ; c'est proprement irréaliste.
- **Vierges** – ils tentent d'organiser votre existence, ce qui vous contraint à vous enfuir avec leurs meilleurs amis.
- **Balances** – ils sont trop peu fiables, tout simplement.
- **Scorpions** – ils se permettent des remarques méchantes et tentent de jouer de vos sentiments.
- **Sagittaires** – ils passent l'essentiel de leur vie à traîner dans les bars.
- **Capricornes** – comme ils refusent de payer vos cartes bleues, vous êtes condamné à une vie de criminel.
- **Verseaux** – ils ricanent quand vous comparez les étoiles à la couronne de marguerites de Dieu.
- **Poissons** – ils vous reprochent le moindre petit truc qui foire.

Relations sociales

L'attrait de la nouveauté

Seule vos innombrables relations sont susceptible d'absorber la dépendance affective dont vous faites preuve et de générer assez d'énergie pour remplacer celle que vous engloutissez sans fin : aussi nagez-vous au milieu d'un océan de connaissances. Ayant une amplitude d'attention équivalente à celle d'une amibe, étant aussi incapable de travailler sur vos relations existantes, vous passez votre temps à chercher de **nouveaux amis** pour la vie. Ces derniers n'ont jamais tort et comprennent votre hypersensibilité intérieure ; ils ne critiquent jamais vos bêtises et votre inaptitude à conserver un emploi, contrairement à vos anciens meilleurs amis. Vous savez que ce sont des superhumains parfaits qui marchent sur l'eau. Lorsque, inévitablement, l'eau leur arrive aux genoux, vous balancez quelques torpilles bien méchantes sur leurs points faibles, puis vous vous éloignez afin de chercher de nouveaux meilleurs amis. Vous visez les **solitaires malades**, moches, rejetés ou psychologiquement abîmés, car vous pensez qu'ils vous en seront reconnaissants et répondront à certains de vos multiples besoins : démonstrations d'affection constantes sans condition, partage de leurs abysses émotionnelles et établissement d'une codépendance – le rêve de votre vie.

En même temps (je sais, mais qui a dit que ce serait facile ?), vous avez besoin d'un héros sur lequel vous nourrir (de la même façon que les petits poissons nettoyeurs servent de fil dentaire aux requins), qui vous autorisera à être son paillasson, vous permettant ainsi de vous détacher du crochet rasoir de la responsabilité de soi.

Les astrologues de l'endroit du zodiaque prétendent que vous êtes un romantique, alors que vous n'êtes qu'un **rêveur sentimentaliste**. Vous surfez d'une relation et d'une union à une autre sans même réfléchir, entraîné par la force des courants.

Boulot

Le travail est la plaie des gens qui boivent (Oscar Wilde)

Les gens ne pigent pas. Vous êtes un artiste. Le profil de votre poste stipule « gratte-papier », alors que vous êtes un génie incompris. Les astrologues de l'endroit du zodiaque vous qualifient de créatif (façon polie de dire que vous êtes inemployable), vous en déduisez donc que vous avez le droit de contempler le mur pendant des heures, voire même de **fermer les yeux** pour attendre la muse. Vos ronflements vous trahissent, de même que le relâchement de votre mâchoire et la bave qui goutte sur votre bureau. Je ne vous ferais également nulle confiance en matière de travail médical [une autre ânerie des astrologues susmentionnés], puisqu'il ne s'agit clairement que d'une ruse supplémentaire en vue de vous approcher des antidépresseurs.

Bref, y a-t-il quoi que ce soit que vous puissiez faire ? Ben, pas des masses. Évitez les grosses machines, car vous les oubliez pour dériver vers le distributeur de café afin d'y ramasser quelques ragots bien juteux [vous êtes un maître en la matière] ; évitez aussi les trucs importants comme la neurochirurgie et le contrôle aérien, où concentration et habileté sont indispensables. Votre **absence d'énergie et de coordination**, de même que votre détermination adolescente à refuser le système n'aident pas. Lorsqu'on ne vous félicite pas de manière extravagante pour le travail que vous imaginez avoir accompli, vous êtes offensé, boudez et déblatérez avant de filer au bar terminer votre journée [votre semaine].

Pourtant, vous êtes ambitieux et tenez à réussir, du moment que vous n'avez aucun effort à fournir. Nulle personne un tant soit peu saine d'esprit ne vous nommerait responsable, à moins qu'elle ne cherche à ce que la boîte coule pour des raisons fiscales. Pourtant vous feriez l'excellent numéro deux esclavagiste et flagorneur d'un boss dictatorial, ce qui vous permettrait d'exercer une tyrannie par procuration auprès de vos subordonnées.

BOULOTS DE RÊVE

En quoi est-il amusant de rêver d'un travail dans la sinistre réalité qui nous entoure ? Vous êtes un pro, il vous faut un boulot de rêve dans un monde fantasmatique. Voilà pourquoi je me suis adressée à Don Quichotte, chasseur de têtes sans égal en matière d'emplois fictifs, qui vous conseille ce qui suit :

> Dictateur universel

Lorsque vous serez à ce poste, vous pourrez forcer tout le monde à transformer vos fantasmes en réalité puis, n'en voulant plus, vous ordonnerez à vos sujets qu'ils vous en inventent de nouveaux très chouettes.

> Meilleur amant du monde

Calmez-vous, ce n'est pas du tout ce que vous croyez : c'est vous, flottant dans un bain de champagne, cependant que des beautés des deux sexes sanglotent d'adoration devant votre charmante et si sensible personne et vous submergent d'un raz-de-marée d'affection, quand bien même vous vous comportez comme un pourri.

Crimes et méfaits

Qu'est-ce qu'on risque, hein ?

Quelle sorte de criminel seriez-vous si la psychopathie devenait le nouvel ordre du monde ? À quoi passeriez-vous vos journées (et peut-être vos nuits) si vous viviez vraiment sur la face obscure des choses ? Eh bien, vous êtes une proie facile pour les **malversations romantiques**, pour les richesses et le pouvoir fantasmés qui obscurcissent les cerveaux des petits esprits criminels voués à l'échec, ainsi que pour l'excitation de l'ado persuadé d'en remontrer aux vieux. Vous vous voyez en espèce de Robin des Bois (sauf que, une fois que vous aurez pillé les riches, les pauvres auront intérêt à se tenir à carreau). La déchéance et les abîmes vous attirent comme des aimants, et vous donneriez n'importe quoi pour intégrer un gang des rues, mais vos méfaits seraient minables (vol à la tire pour satisfaire l'une de vos dépendances, mendicité peu convaincante pour de faux organismes de charité) et accidentels (vous rompez votre parole en franchissant une frontière parce que vous êtes perdu). Lorsqu'on vous arrête (c'est inévitable) et qu'on vous ramène à la réalité, vous vous mettez aussitôt à table et avouez tous les secrets de la bande.

Vous n'écoutiez pas, le jour où on vous a parlé de la loi, mais de la même manière que vous détestez les lois de la physique qui s'appliquent à vous, vous détestez toute justice humaine s'appliquant à vous. Au tribunal, vous pleurez, mentez, braillez, appuyez sur tous les boutons de la **manipulation émotionnelle** (votre pauvre grand-mère chenue, ce petit cul-de-jatte de Pierre qui dépend entièrement de vous, etc.) et jurez sur la tête de votre bébé que vous n'étiez pas en ville et êtes par conséquent innocent. Le juge vous octroie un Oscar.

La prison vous convient fort bien : pas de décisions, pas de responsabilités, et des tas de gros vilains avec lesquels faire ami-ami. Les barreaux d'acier ne sont jamais un obstacle pour un fuyard de votre qualité.

MAUVAIS COTON

Trop incompétent pour bosser seul, vous intégrez une bande où vous débutez tout en bas de l'échelle, comme coursier corvéable à merci. Si vous survivez, Parrain vous laissera peut-être allumer son cigare ou vous utilisera comme décrottoir pour ses bottes. Vous pourriez même devenir :

> Baron de la drogue

Vous connaissez le marché et savez combien les rues sont parfois rentables. Par ailleurs, Parrain vous finance. Tout se passe bien jusqu'à ce que vous transgressiez les lois tacites et vous mettiez à goûter votre propre marchandise. Idiot !

> Pirate

Mais à l'ancienne et rien d'autre. Ce poste-là a tout pour lui : le romantisme, le rhum, les déguisements, un bateau rapide pour les fuites précipitées, encore du rhum, de l'affection (qui n'aiment pas les pirates, mis à part ceux qui en ont croisés, hein ?), et encore du rhum.

À la maison

Grotte sous-marine

Les invités qui n'arrivent pas à ouvrir la porte (coincée par un océan d'enveloppes officielles et de mises en demeure) sont priés d'apporter un tuba et une lampe électrique. Les ampoules sales et le maigre morceau de carreau propre que vous utilisez pour identifier les huissiers dispensent une lumière chiche. Le sol est instable. Comme vous ne jetez rien de ce que vous achetez et que vous acceptez sans broncher les **saloperies** des autres, les portes des armoires et les tiroirs retiennent mal la pression ; dans les coins les plus sombres, des **tas de choses innommables** naissent spontanément, s'épanouissent et s'effondrent, à l'instar de civilisations antiques. La vie sur terre a sûrement commencé ainsi.

DÉCO

Vous et votre colocataire avez décidé de repeindre la salle de bains en rose. Votre victime s'exécute, vous explosez en soutenant que vous la vouliez vert petit pois. Votre victime s'exécute, vous explosez en braillant : « Qui a choisi cette couleur atroce ? » Comme la conversation n'a pas été enregistrée, votre victime ne peut vous prouver que c'était vous et, de toute façon, vous niez farouchement. Après avoir peint toute la maison en beige, votre victime se tire. Vous adorez le beige, la couleur de l'indécision.

PARTAGER LE BOCAL D'UN POISSONS

À éviter ! Vos sautes d'humeur vous rendent impossible à vivre, à moins que ce soit avec un autre Poissons et que vous arriviez à synchroniser vos pleurnicheries. Il est conseillé aux colocataires désespérés d'apporter leur casque d'accès à la réalité virtuelle teint en rose.

INCOMPATIBILITÉS DOMESTIQUES

- **Béliers** – vous perdez les clefs de la maison, eux les jettent.
- **Taureaux** – ils n'avaient qu'à pas laisser leur caviar dans le réfrigérateur alors que vous aviez faim.
- **Gémeaux** – vous soupçonnez que leur chambre accueille plus d'une personne, mais il fait trop noir pour que vous en soyez sûr.
- **Cancers** – ils jettent votre collection de ficelles susceptibles d'être utiles dans cent ans pour la remplacer par la leur.
- **Lions** – ils vous obligent à changer les ampoules rien que pour s'admirer dans le miroir.
- **Vierges** – ils ne cessent de marmonner entre leurs dents au sujet d'un truc qu'ils appellent un chaos indescriptible.
- **Balances** – ils couchent avec l'équipe de dératisation.
- **Scorpions** – ils ne sont jamais là, mais des tas de types bizarres débarquent la nuit pour déposer des paquets.
- **Sagittaires** – ils vident vos poissons tropicaux dans la baignoire sous prétexte qu'ils ne supportent pas que les animaux soient confinés.

• **Capricornes** – ils refusent de régler les factures courantes.
• **Verseaux** – ils ont gagné une fortune avec cette culture d'anti-rétrovirus qu'ils ont découverts sous le tapis de bains.
• **Poissons** – vous ne les voyez jamais, ils sont toujours en cure de désintoxication.

Nuancier Poissons

Beige	Bouillie d'avoine
Beige clair	Coton sale
Beigeasse	Toile de jute
Crème aigre	Absinthe
Ficelle	Delphinium bleu

Loisirs

L'envers du farniente

Lorsque vous partez en vacances, nous autres retenons collectivement notre souffle, guettant l'annonce de morts accidentelles, d'**incidents internationaux** provoqués par des malentendus et des égarements, d'embouteillages d'une ampleur encore jamais vue et d'usages de stupéfiants épidémiques inattendus. Heureusement pour nous, il est rare que vous partiez, parce que l'organisation, la réservation de billets et l'obtention d'un passeport sont très barbantes. Personne ne commet l'erreur de vous emmener plus d'une fois, dans la mesure où vous êtes un **handicap excité** qui ne se refuse rien. Lors d'une visite guidée, vous vous éloignez dans une ruelle louche et sympathisez avec des voyous, obligeant le reste du groupe à perdre trois jours à rassembler votre caution. Vous ne lisez jamais les pancartes sans intérêt comme

Sélection zodiacale

Imaginez-vous échoué sur une île déserte ou un sommet alpin, perdu dans la jungle ou en pleine mer avec onze autres personnes, toutes d'un signe différent. Laquelle éliminez-vous la première afin de survivre ? Il va de soi que c'est vous qui, pour commencer, avez fichu tout ce beau monde dans la panade, ce qui ne vous empêche toutefois pas d'accuser les autres. Vous évitez de croiser le chemin du Bélier, mais léchez les bottes du Cancer et du Lion, affichant faiblesse et dépendance, de manière à ce qu'ils veillent sur vous jusqu'à l'arrivée des secours. Là, vous décrétez que tout était leur faute.

« sables mouvants » ou « baignade interdite » et, après le quatrième accident, les urgences vous enduisent de goudron et de plumes. (Vous en voulez aux autres de ne pas avoir lu les panneaux pour vous.) Vous êtes aussi celui qui met l'avion deux heures en retard, parce que vous n'écoutez pas les annonces, trop occupé que vous êtes à vous rincer la glotte au Duty Free.

VACANCES INFERNALES

Partout où le chemin de retour est identique à celui de l'aller… non, partout où il existe un chemin de retour : ça gêne vos rêveries.

Partout où il n'existe ni vin du pays ni substances illicites locales.

Partout en famille : on n'arrête pas de vous déranger et, allez savoir pourquoi, tout le monde s'emporte quand vous oubliez les mômes dans le bus.

AU VOLANT, JE RESTE COURTOIS

Vous n'avez plus de permis, soit parce que vous l'avez perdu derrière la banquette de votre précédent véhicule, soit parce que les flics vous l'ont retiré – vous rouliez pété/shooté à 130 km/h dans une zone à 30, en sens interdit (un panneau ? quel panneau ?). Pour autant, pas question de vous déplacer à pied. Il va de soi que **vous beuglez comme un âne** – tout le monde sauf vous conduit comme un nul, et pourquoi les autres ignorent-ils que les règles de circulation sur l'autoroute ne s'appliquent pas à vous ? Vous avez des tonnes de cartes routières (y compris un plan de l'unique rue de Triffouillis-les-Oies et un croquis fait main des chemins du sud de la Corse) ; nonobstant, vous vous perdez toujours (souvent durant le délicat trajet entre la maison et le garage]. Il n'empêche, c'est la faute des cartes.

ACTIVITÉS LUDIQUES

Comme ce n'est pas vous qui édictez les règles, vous trichez et vous frayez de manière scandaleuse un chemin vers la victoire, rejetant toute faute sur le meilleur joueur de votre équipe, lequel est exclu du terrain. Ben, quoi ? Vous rapportez toujours votre ballon à la maison, de même que tous ceux d'accord pour vous accompagner.

ASPIRANTS POISSONS

Les junkies, les groupies, les membres crédules de sectes, les acteurs, les mauviettes et les mous du genou sont évidemment des Poissons honoraires. Mais qu'en est-il du baron Hieronymus von Münchhausen, officier de l'armée prussienne et roi des fantasmeurs, qui a même eu droit à un syndrome à son nom, celui qui consiste à simuler une maladie afin d'attirer l'attention sur soi ? Poissons jusqu'aux ouïes, me direz-vous ? Eh bien non, il était Taureau. O.K., prenons alors le cas de J. M. Barry, le créateur de Peter Pan (le petit gars qui refusait de grandir) et propagateur de l'idée qu'une fée naît chaque fois qu'un bébé rit pour la première fois. Beurk, oui, mais pas Poissons, Taureau lui aussi. Essayons Blanche Dubois, le personnage de belle du Sud fanée imaginé par Tennessee Williams qui refuse la réalité, compte sur la gentillesse des inconnus et s'enivre pour tenir le coup. Non, elle est Gémeaux (enfin, d'après le script, car elle est fort susceptible de mentir sur son âge).

Mauvaise compagnie

Votre galerie d'infâmes

Cette visite de votre face obscure risque de vous avoir quelque peu fragilisé. Aussi, pour apaiser votre âme, listons quelques-uns des Poissons infâmes ou fameux, notoires ou bêtement méchants qui éprouveraient la même sensation que vous s'ils lisaient cet ouvrage. Le nombre de mythomanes, de gourous et d'âmes perdues que cette liste contient va vous impressionner : vous êtes en **très bonne mauvaise compagnie**. Malgré votre phénoménal (mais quelque peu nébuleux) côté sombre, nombreux sont ceux qui voudraient être vous mais ont été retardés ou se sont égarés. Prenez n'importe quelle éponge émotionnelle et complaisante, branchée de façon permanente en mode autodestruction, incapable de finir une phrase sans changer d'humeur... Il s'agit bien d'un aspirant Poissons. Si non, il y a du mensonge dans l'air. Vous ne me croyez pas ? Lisez le paragraphe ci-dessous.

BUFFALO BILL (26 FÉVRIER 1846)

Bien qu'il ait été un vrai pionnier né dans l'Iowa et qu'il ait bossé comme éclaireur, facteur du Pony Express, chasseur de bisons, hôtelier (!) et propriétaire de chemin de fer, Bill (William Frederick Cody) est plus connu pour son Cirque de l'Ouest Sauvage, qui apporta le rêve des grands espaces aux citadins comme la reine Victoria.

NATHALIE MÉNIGON (28 FÉVRIER 1957)

Impliquée dans des actions violentes revendiquées par le groupe Action directe, cette jeune Française a été condamnée à la réclusion criminelle à perpétuité en 1989. Surnommée « Doigts de fée », en raison non de ses hypothétiques talents de cuisinière, mais de son habilité à manier la gachette, elle aura passé plus de vingt ans en prison. Hélas, pourquoi n'a-t-elle pas préféré les fourneaux ?

L. RON HUBBARD (13 MARS 1911)

Écrivain de SF à succès, Lafayette (oui, oui, c'est son vrai prénom) fonda une secte évangélique féroce – la Scientologie – qui ne s'appuie sur aucun fait vérifié de l'histoire, des sciences, de la mythologie ou de la religion. Y croyait-il ? N'était-il qu'un faiseur d'argent cynique ? Quoi qu'il en soit, il a attrapé dans ses filets toutes ces stars complaisantes de Hollywood, non ?

LOU REED (2 MARS 1942)

Musicien et survivant de la Warhol Factory, dont l'œuvre s'attarde longuement sur ses trips dans des états quelque peu altérés. Actuellement obsédé par la mort, les gothiques et Edgar Allan Poe.

KURT COBAIN (20 FÉVRIER 1967)

Leader hypersensible du groupe Nirvana qui se perdit dans la noirceur, le grunge et la maladie, bien qu'il ait été un objet d'adoration planétaire.

QUELQUES SITES INTERNET À CONSULTER

Thème astrologique personnalisé en ligne et ascendant :
www.themeastral.net
www.astroo.com/theme_astral_gratuit.php
www.themeastral.net/MiniTheme.html
Votre thème astral avec carte du ciel :
www.astrotheme.fr/offres_carte.php
Ce que les astres disent de vous :
www.astrolead.com
Cours d'astrologie gratuit : www.psycho-astrologie.com

ÉDITION ORIGINALE
Darkside Zodiac

Illustrateur : **Tonwen Jones**
Symboles : **Tonwen Jones, Marina Murgioni**

ÉDITION FRANÇAISE
Traduction : **Luc Rigoureau**
Direction de la publication : **Isabelle Jeuge-Maynart, Ghislaine Stora**
Direction éditoriale : **Catherine Delprat**
Édition : **Agnès Dumoussaud,** avec la collaboration de **Marie Bemberg**
Lecture-correction : **Tewfik Allal**
Direction artistique : **Emmanuel Chaspoul**
Mise en pages : **Sophie Compagne**
Couverture : **Véronique Laporte**
Fabrication : **Annie Botrel**

ISBN : 978-2-03-586444-4

Imprimé en Espagne par Unigraf. S.L.
Dépôt légal : septembre 2011
307326/01-11015362 août 2011